Nasrin Siege - Der Honigvogel

Nasrin Siege

Der Honigvogel

Geschichten aus Afrika

Bilder von Barbara Nascimbeni

Razamba

Die Deutsche Nationalbibliothek verzeichnet diese Publikation in der Deutschen Nationalbibliografie; detaillierte bibliografische Daten sind im Internet über http://dnb.dnb.de abrufbar.

© Verlag Razamba Martin Ebbertz
Frankfurt am Main 2016
2. Auflage 2016
Alle Rechte vorbehalten.
Druck: PRINT GROUP Sp. z.o.o. Szczecin
ISBN 978-3-941725-40-9

www.razamba.de
www.nasrin-siege.com

Inhalt

Abdi, der Hirtenjunge

Ein kleiner Lichtstrahl leuchtet durch die Ritze in der Lehmwand! Er kitzelt Abdi an der Nase. Solange, bis er mit einem „Hatschi!" aufwacht. Abdi schaut sich um. Großmutter liegt nicht auf ihrem Schlaflager. Abdi setzt sich auf. Er hört Großmutter sprechen. Im Nebenraum. Sie spricht mit Berta. Abdi steigt durch das Loch in der Wand und geht zu Großmutter und Berta.

Abdi macht große Augen. Neben Berta steht ein kleines Kälbchen und sucht nach Bertas Zitzen. Seine Beine sind dünn und wackelig. Berta muht leise und Großmutter kichert: „Trink, mein Kleines."

Abdi setzt sich auf den Boden zu Großmutter und schaut dem Kälbchen beim Trinken zu.

„Es hat noch keinen Namen." Großmutter steht auf und öffnet die Tür nach draußen. Jetzt kann Abdi sehen, dass das Kälbchen so braun ist wie Berta. Auf seiner Stirn aber hat es einen weißen Stern.

„Willst du ihm einen Namen geben?"

„Ja!" Abdi strahlt Großmutter an. „Sternchen!"

„Muuuh!" Berta will nach draußen. Das Kälbchen will mit.

„Heute nicht." Großmutter hält das Kälbchen zurück.

„Sternchen bleibt bei mir", sagt Großmutter. „Geh mit Berta nicht zu weit weg und komme mit ihr zurück, wenn sich die Sonne auf der Akazie dort ausruht. Denn dann hat Sternchen wieder Hunger."

Abdi geht mit Berta auf die Weide. Es ist noch etwas kalt, aber wenn die Sonne etwas höher am Himmel steht, wird es warm sein. Das weiß Abdi. Er geht nämlich jeden Tag mit Berta auf die Weide. Dort trifft er die anderen Hirtenkinder. Dann spielen sie zusammen. Manchmal vergessen sie ihre Tiere. Weil sie so viel spielen. Manchmal läuft dann eine Kuh weiter weg und sie sehen sie nicht mehr. Dann suchen sie sie zusammen. Bisher haben sie jede weggelaufene Kuh wieder gefunden.

„Berta hat ein Baby!", erzählt Abdi gleich Theo, Azeb, Kamal und Sultan. „Es ist so braun wie Berta. Aber auf seiner Stirn ist ein weißer Stern und deshalb heißt es Sternchen!"

„Und wo ist Sternchen?", will Azeb wissen.

„Bei Großmutter!", sagt Abdi. „Ich kann heute nicht so weit weg mit Berta. Großmutter hat gesagt, dass ich zurück soll, wenn die Sonne da auf der Akazie sitzt!"

„Dann gehe ich auch nicht so weit weg!", sagt Theo.

„Ich bleibe auch bei dir", sagt Azeb und Kamal und Sultan nicken.

Zum Glück hat es in der letzten Zeit viel geregnet und die Kühe haben hier genug grünes Gras zum Fressen. Nur Kamals Kuh will nicht hier bleiben. Deshalb können Abdi und seine Freunde nicht so lange Fangen spielen. Weil sie immer wieder Kamals Kuh einfangen und mit ihren Hirtenstöcken zurück zu der Herde treiben müssen.

Misi, die kleine Sara und der große dünne Adinew kommen zu ihnen. Sie haben ihre blauen Schuluniformen an. Misi und Sara haben ihre Bücher und Hefte zusammengebunden. Ihr Freund hat einen kleinen Rucksack.

„Berta hat ein Baby bekommen!", sagt Abdi ihnen gleich.

„Wollt ihr mit uns spielen?", fragt Kamal.

„Das Baby heißt Sternchen, weil es auf der Stirn einen weißen Stern hat."

„Wo ist Sternchen?", will Misi wissen.

„Ich möchte spielen", sagt Sara.

„Wenn wir zu spät zur Schule kommen, wird der Lehrer mit uns schimpfen", meint Adinew.

„Nur einmal Fangen!", bettelt Sara.

Die Drei legen ihre Schulsachen neben einem Felsen ab. Sie wollen auf dem Weg zur Schule mit ihren Freunden spielen. Nur ein wenig. Sie spielen einmal Fangen und dann noch ein wenig Verstecken. Aber dann wird es höchste Zeit für sie. Sie nehmen ihre Schulsachen wieder an sich. Sie beeilen sich. Der Weg zur Schule ist noch weit.

„Wenn ihr wollt, könnt ihr mich nach der Schule besuchen", ruft Abdi ihnen nach. „Dann zeige ich euch Sternchen."

Abdi, Sultan, Kamal, Azeb und Theo schauen ihren Freunden nach.

„Ich möchte auch in die Schule gehen!" Kamal haut mit seinem Hirtenstock in das hohe Gras.

„Ich auch!", sagt Theo.

„Mein Vater sagt, dass ich keine Schule brauche, weil ich ein Mädchen bin!", sagt Azeb mit leiser Stimme. „Aber warum?"

„Weil Mädchen später heiraten und Kinder kriegen", meint Theo. „Sie brauchen das nicht."

„Aber ich möchte Lehrerin werden!" Azeb stampft mit den Füßen auf. „Dann muss ich ja wohl wissen, wie man schreibt und liest!"

„Wenn ich groß bin, gehe ich zur Schule!", sagt Abdi. „Hat meine Großmutter gesagt …"

„Ich bin schon groß!" Kamal guckt traurig. „Und ich kann immer noch nicht lesen und schreiben!"

„… dann bringe ich dir Lesen und Schreiben bei!", verspricht Abdi seinem Freund.

„Mir auch!", bittet Azeb.

„Ich möchte auch Lesen und Schreiben lernen …", sagt Theo.

„Ich bringe euch allen Lesen und Schreiben bei!", verspricht Abdi.

Kamals Kuh ist weg. Die Kinder haben das nicht gemerkt. Sie haben gespielt und geredet.

„Das kommt davon!", murrt Kamal.

„Wovon?", fragt Abdi.

„Mein Vater hat gesagt, dass ich nicht spielen darf!"

„Ach so …"

„Er wird mich hauen … wenn ich sie nicht finde …" Kamal weint.

„Wir werden sie schon finden", tröstet Azeb ihn.

Abdi, Azeb und Theo bleiben bei der Herde. Kamal und Adinew suchen die verlorene Kuh.

„Die finden sie bestimmt bald", meint Azeb.

Und wirklich! Bald hören sie Kamal und Adinew „Los! Los!" rufen und bald sehen sie die

13

Jungen und die Kuh, die sie mit ihren Hirtenstöcken vor sich her treiben.

„Jetzt können wir wieder spielen!", freut Theo sich.

Berta ist unruhig. „Muuuhhhhh", ruft sie ganz laut und stupst dabei Abdi an.

„Ich muss mit Berta zu Sternchen", Abdi zeigt auf die Sonne, die auf den Zweigen der großen Akazie ruht.

Abdi und Berta laufen nach Hause. Großmutter wartet auf dem Platz vor dem Haus auf sie. Das Kälbchen wartet auch. Als es seine Mama sieht, ruft es etwas in der Kälbchensprache. Berta antwortet mit einem lauten „Muuuhhhh!" und läuft noch schneller als eben.

Sternchen trinkt Milch bei seiner Mama. Es hat großen Hunger.

„Berta hat jetzt genug Milch!", freut sich Großmutter. „Auch für dich, Abdi!"

Mahders Blumenbaum

Mahder gräbt ein Loch in die Erde. Direkt neben einer kleinen Hütte aus Steinen und Stöcken. Das Dach ist ein Dosendeckel. Dann steckt sie den grünen Stängel mit der weißen Blume in das Loch.

„Wir müssen los!", ruft Mama aus dem Haus.

„Wo gehen wir hin?", fragt Mahder.

„Hast du das vergessen?"

„Ach ja …", Mahder steht auf und läuft zu dem Busch. „Ich muss noch einen Zaun bauen!"

Mahder hebt einen abgebrochenen Zweig vom Boden auf und bricht ihn in viele kleine Stücke.

„So …", sie steckt die Stöckchen rund um die Hütte und den Blumenbaum, den sie gerade gepflanzt hat.

Mama kommt aus dem Haus und stellt zwei große gelbe Plastik-Behälter neben sich.

„Oh nein!", beklagt sich Mahder. „Jetzt ist er wieder umgefallen!" Sie häuft noch mehr Erde um den Blumenbaum. „Jetzt ist er kein Baum! Nur noch ein … ein Blumenkopf!"

„Du musst einen dickeren Zweig nehmen!",
schlägt Mama vor.

„Ich will aber den!"

„Und wenn du die Erde mit Wasser mischst?",
meint Mama.

„Gib mir Wasser! Mama!"

„Ich hab kein Wasser." Mama stößt mit dem Fuß
an einen der gelben Kanister. „Hörst du? Da ist
nichts drin!"

„Dann holen wir jetzt Wasser!" Mahder springt
auf und rennt ins Haus.

„Wo gehst du denn jetzt wieder hin?", will Mama wissen.

„Warte!"

Mama schüttelt den Kopf. Eyub weint. Mama
wiegt sich sachte hin und her. Eyub mag das. Er
weint nicht mehr.

Mahder kommt mit einer leeren Plastikflasche
aus dem Haus.

„Ich hole Wasser für dich!", flüstert Mahder
dem Blumenbaum zu.

Mama und Mahder laufen an der langen Straße

entlang. Autos fahren an ihnen vorbei. Sie hupen. Sie machen viel Staub. Mahder macht immer die Augen zu.

Unterwegs kommen andere Frauen und Kinder aus den Nachbardörfern dazu. Sie wollen auch Wasser holen. Eine Frau hat einen Esel. Der trägt auf jeder Seite einen ganz großen Kanister.

Kalkedan kann nicht so schnell laufen. Sie trägt nur einen Wasserkanister. Mama und Mahder laufen neben Kalkedan.

Ein Mann hat einen ganzen Karren mit vielen Wasserbehältern! Er kann so viel Wasser holen wie kein anderer! Er ist auch schneller als sie alle. Bald sehen sie nur noch eine Staubwolke von seinem Eselskarren.

„Hoffentlich lässt er uns was übrig!", murrt eine Frau.

„Keine Sorge", sagt Mama. „Der Brunnen hat Wasser für uns alle."

„Hoffentlich ist er fertig, wenn wir ankommen", seufzt Kalkedan.

Sie laufen weiter. Bis zu dem großen gelben Fahrzeug mit der riesigen Schippe. Es baut damit einen Berg aus Erde und Steinen.

„Hier wird eine neue Straße gebaut", sagt Kalkedan.

Mahder möchte noch ein wenig zuschauen.

„Komm!", sagt Mama. „Wir müssen vor der Dunkelheit zurück sein!"

Mahder, Mama und Kalkedan laufen weiter. Endlich kommen sie an den Brunnen. Hier stehen viele Leute an. Mama, Kalkedan und Mahder stellen sich in die Schlange.

Sie warten.

Mahder setzt sich neben Mamas Füßen auf die Erde. Eyub weint. Mama zieht ihn mit ihrem Tragetuch nach vorne. Eyub trinkt etwas Milch von Mama.

Der Mann mit den vielen Kanistern fährt an ihnen vorbei. Die zwei Esel ziehen mit aller Kraft den schweren Karren.

Die Sonne steht tief, als Mama, Kalkedan und Mahder endlich an der Reihe sind. Zuerst löschen sie alle ihren Durst und dann füllen sie ihre Behälter.

Mama, Kalkedan und Mahder machen sich auf den Heimweg. Mahder presst die schwere Wasserflasche an ihre Brust. Sie kommt ganz aus der Puste. Mama trägt einen Kanister auf dem Rücken und den anderen trägt sie abwechselnd mit der einen und dann der anderen Hand. Mama und Kalkedan läuft der Schweiß über das Gesicht. Eyub quengelt und ist wieder still. Dann quengelt er wieder. Und dann ist er wieder still.

Der Berg an der Baustelle ist jetzt noch größer als vorhin.

Mahder beeilt sich. Sie will vor Dunkelheit ankommen. Dann kann sie ihren Blumenbaum neu einpflanzen. Diesmal mit Wasser. Damit er nicht wieder umfällt.

Buhe und Mulmul

Elias ist ganz aufgeregt. Seit Tagen reden er und seine Freunde von Buhe und heute ist es endlich soweit! Er greift nach dem Stock, den er sich für diesen Anlass zurecht geschnitzt hat. Er summt das Buhe-Lied, das er mit den Freunden schon ein paar Mal geübt hat.

Gleich werden sie ihn abholen. Sie werden dann von Haus zu Haus ziehen und das neue Jahr, das in drei Wochen beginnen wird, mit dem Buhe-Lied begrüßen.

Der Duft von frischem Mulmul-Brot zieht Elias in die Nase. Am frühen Morgen hat er Mama ein Bündel Blätter der Falschen Banane gebracht. „Darin kann ich jetzt viel Brot für die Jungen einbacken!" Mama hat sich gefreut und hat ihm dabei zugezwinkert. „Schließlich segnen sie uns und unser Haus mit ihren Liedern."

Auch er und seine Freunde werden für ihre Lieder Mulmul, Süßigkeiten und vielleicht sogar etwas Geld bekommen.

Mama, ihre Freundinnen und selbst Misi, seine kleine Schwester, haben die letzten Tage auf dem nahen Entoto-Hügel das spezielle Holz für das Freudenfeuer gesammelt. Mama sagt, dass sie davon mehrere Bündel an der großen Straße verkaufen will.

„Elias!", hört er Abby von draußen rufen.

„Elias!", erklingt jetzt auch die Stimme von Tedi.

„Komm schon!", ruft Elphaz.

Elias ergreift den selbstgeschnitzten Stock und läuft zur Tür.

„Ich will mit!" Misi hält ihn am Arm fest.

„Das geht nicht!" Elias kniet sich vor ihr hin.

„Du kannst nicht mit!"

„Warum nicht?"

„Weil du ein Mädchen bist!"

Misi guckt traurig und auch etwas böse.

„Deine Zeit kommt noch", tröstet Mama.

„Wann?"

„In zwanzig Tagen gehen die Mädchen von Tür zu Tür! Dann freuen sich alle ganz besonders, wenn sie dich und deine Freundinnen singen hören, weil zwei Tage danach das neue Jahr beginnen wird!"

„Kriegen wir dann auch Süßigkeiten?"

„Bestimmt!" Elias löst sich von seiner Schwester.

„Und ich bringe dir nachher was mit!"

Elias, Abby, Tedi und Elphaz gehen in das Viertel der reichen Leute mit den großen Villen, hohen Mauern und breiten Toren für ihre Autos.

„Die Leute hier geben uns vielleicht Geld", meint Abby.

„Ja!" Tedi strahlt. „Ich kaufe mir davon ganz viele Süßigkeiten!"

„Ich brauche Hefte für das neue Schuljahr!" Elias runzelt dabei die Stirn.

„Ich brauche neue Schuhe", meint Elphaz.

„So viel Geld kriegen wir nie zusammen", belehrt ihn Abby.

Sie stellen sich in eine Reihe vor einem großen silbernen Tor auf. Abby, ihr Vorsänger, schlägt im Takt mit dem Stock auf den Boden. Die anderen folgen ihm und als Abby das Buhe-Lied anstimmt, singen sie im Chor mit. Es dauert nicht lange und das Tor geht auf. Eine weißhaarige Frau tritt heraus und gibt jedem von ihnen ein Mulmul-Brötchen, die Tedi in den mitgebrachten gemeinsamen Jutesack steckt. Die Frau lächelt freundlich und als die Jungen sie und ihr Haus mit einem Buhe-Lied segnen, klatscht sie im Takt in die Hände und bedankt sich. „Kommt nächstes Jahr wieder!"

Die Kinder ziehen weiter. Manchmal, wenn ein Tor aufgeht, können sie einen kurzen Blick auf Garten und Haus dahinter werfen. Einige Leute haben Hunde, die gefährlich bellen und die Jungen sind froh, wenn das Tor schnell wieder vor ihren Nasen zugemacht wird. Fast immer bekommen sie Mulmul-Brot. Doch manchmal gibt es auch Bonbons, Kekse und ein paar Münzen. So füllt sich der Sack bei jedem Besuch und weil er immer schwerer wird, tragen sie ihn abwechselnd.

Ein Wächter lässt sie in den großen Garten hinter dem Tor. „Singt ruhig weiter!", meint er.

„Meine Madame kommt gleich."

Während sie das Buhe-Lied singen und mit ihren Stöcken in die Erde schlagen, schauen sie sich schüchtern um. Hier wachsen hohe schlanke Bäume, der Rasen ist grün und in den Blumenbeeten blüht es bunt. Eine Frau bringt ihnen auf einem Tablett süßen Saft und gelben Kuchen. Sie ist klein und rund und ihre Haare hat sie zu lustigen Zöpfen geflochten. Sie setzt sich mit ihnen auf die Stufen zu ihrer Terrasse und wartet, bis sie zu Ende getrunken und gegessen haben. Dann, als sie sie und ihr Haus mit dem Buhe-Lied segnen, strahlt sie vor Freude und gibt ihnen zum Dank mehrere Münzen, die Elphaz in den großen Sack wirft.

Den ganzen Nachmittag gehen sie so von Haus zu Haus. Dabei füllt sich der Sack immer mehr. Als es anfängt dunkel zu werden, beschließen sie, nach Hause zu gehen.

Bei Abby setzen sie sich in den Vorhof in einen Halbkreis. Sie teilen sich alles zu gleichen Haufen auf. Abbys Mutter gibt jedem von ihnen einen Plastikbeutel für ihre Anteile an Mulmul, Süßigkeiten und Münzen.

Zuhause hüpft Misi um Elias herum und greift immer wieder nach dem Beutel.

„Warte!" Elias setzt sich auf den Boden. Vorsichtig holt er seine Schätze heraus und teilt nun Brot und Süßigkeiten mit seiner Schwester.

„Kann ich auch Münzen haben?"

„Nein." Elias reicht Mama sein Geld zum Aufbewahren. „Davon kann ich mir zwei Hefte kaufen!"

Am Abend gibt es in ihrer Straße viele Freudenfeuer. Hier treffen sich Elias, Abby, Tedi und Elphaz wieder. Sie alle haben ihre Stöcke dabei. Zusammen mit all den anderen, die in ihrer Nachbarschaft leben, singen sie das letzte Mal das Buhe-Lied, bevor sie jauchzend über das Feuer springen. So springen sie aus dem alten Jahr in das nahende neue Jahr, und so lange, bis das Feuer niedergebrannt ist.

Das lachende Klassenzimmer

„Das ist mein Bruder Berhanu!" Frau Pawlos zeigt auf den kleinen Mann mit dem runden Bauch. „Wetten, dass er euch zum Lachen bringen wird?"

Berhanu trägt einen blau-weiß gestreiften Anzug, der ihm etwas zu groß ist und in seinem Gesicht klebt eine rote Knollennase.

„Hohoho!", lacht er plötzlich, und „Hahaha!", lacht er weiter. Dabei geht er auf und ab und tut so, als hätte er gerade einen Witz gehört.

Einige in der Klasse und auch Yonas kichern.

Jetzt schüttelt Berhanu sich vor Lachen und dabei hüpft ihm die rote Nase vom Gesicht auf den Boden. Er zeigt mit dem Finger darauf, hält sich den Bauch und wiehert wie ein Pferd so laut.

Hanna, Martha, Mahder, Yonas und noch ein paar andere Kinder lachen.

„Hohoho!" Berhanu geht vor Genet in die Knie. „Hahaha!"

Genet hält sich die Hand vor den Mund.

„Hahahah", kichert es aus Genet.

Berhanu klatscht in die Hände, rollt mit den Augen, lacht und lacht und lacht.

„Hahaha!", schallt es aus dieser Ecke und „Hohoho!" aus der anderen Ecke.

Alle Kinder lachen. Auch ihre Lehrerin, die die Schwester von Berhanu ist.

Sie alle lachen mit Berhanu, der so lustig ist wie sonst keiner!

„Hohoho!", lachen alle. „Hahaha!", lachen alle.

Die ganze Klasse brüllt vor Lachen.

Da wird plötzlich die Tür aufgerissen. Von Frau Yirmet - mit offenem Mund.

„Was ist denn hier los?" Frau Yirmet schüttelt den Kopf.

„Hahaha!", antwortet Berhanu.

„Hohoho!", antworten alle Kinder und Frau Pawlos, die die Schwester von Berhanu ist.

Frau Yirmet will etwas sagen.

„Hahaha!", schütteln sich jetzt alle. Manche haben Tränen in den Augen. Vor Lachen natürlich. Yonas lacht sich schief und krumm! Mahder hüpft so, als würde sie sich bald in die Hose machen.

Frau Yirmet legt sich die Hand auf den Mund.

„Hohoho!", schallt es von überall.

Frau Yirmet schnappt nach Luft.

„Hahaha!" Frau Yirmet schüttelt sich, hält sich den Bauch, lacht und lacht - mit den Kindern, ihrer Lehrerin und dem lustigen Berhanu, der ihr Bruder ist.

Der Honigvogel

Davy folgt Baba auf dem ausgetretenen Pfad der Elefanten. Er passt auf, dass die Bäume mit den langen dünnen „Warte-ein-bisschen-Dornen" sich nicht in ihn festkrallen. Wie das eine Mal in seinem Oberarm. Das ist zwar schon länger her, aber er erinnert sich noch gut daran, wie sehr das wehgetan hat. Wie mehrere Spritzen auf einmal. Davy hat ganz laut geschrien, als Baba ihm die Dornen herausgezogen hat. Die Stellen haben noch lange geschmerzt und er hat sich jeden Tag über sein zerrissenes T-Shirt geärgert.

Endlich kommen sie an den Hain mit den hohen Marulabäumen. Baba legt den Finger auf den Mund, denn in der Nähe könnten Elefanten sein. Die großen Kolosse lieben die reifen Marula-Früchte, die, wenn sie in ihren Mägen gegoren sind, sie besoffen durch den Busch torkeln lassen. Baba hat sie dabei schon ein paar Mal auf seinen Streifzügen beobachtet.

Davy schaut sich vorsichtig um. Zu gerne möchte auch er mal betrunkene Elefanten sehen.

„Komm ihnen nie in die Quere", warnt Baba leise. „Selbst wenn sie im Marula-Rausch sind und lustige Bewegungen machen! Sie sind immer noch wilde Tiere und gefährlich für uns Menschen."

Mit leisen Schritten laufen sie weiter. Immer wieder bleibt Baba stehen und horcht. Davy ist froh, dass Baba bei ihm ist. Er weiß viel über Elefanten, Löwen und Hyänen und er passt auf, dass ihnen nichts passiert.

Plötzlich stürzt laut zwitschernd ein grau-grün gefiederter Vogel vom Wipfel eines Baumes herab, setzt sich auf einen niedrigen Zweig und schaut sie mit seinen dunklen runden Augen an.

„Da bist du ja!" Baba bleibt stehen und lacht. „Das ist der kleine Kerl, von dem ich dir erzählt habe", wendet er sich nun Davy zu. „Er wird uns zum Bienennest führen." Als hätte er Baba verstanden, fliegt der Honigvogel eine kurze Strecke und setzt sich dann auf einen Stein. Sie folgen ihm und er führt sie so, von einem Punkt zum nächsten fliegend, in einen immer dichter werdenden Busch. Er fliegt nie weit und wartet jedes Mal, bis Baba und Davy ihn sehen können. Schließlich steuert er geradewegs einen riesigen Tamarindenbaum an, setzt sich auf einen herausragenden Zweig, hüpft und flattert mit den Flügeln, ruft.

„Danke!" Baba verneigt sich vor dem Honigvogel und lächelt zufrieden. „Siehst du das Baumloch ... etwas rechts von unserem Freund?" Er hebt Davy auf seine Schultern.

„Ja!" Davy ist ganz aufgeregt. „Wohnen da die Bienen?"

„Genau!"

Baba und Davy sammeln trockene Zweige. Der Honigvogel schaut ihnen dabei zu.

„Die zünde ich gleich an", erklärt Baba. „Dann kommen die Bienen heraus ..."

„Stechen sie dich nicht?"

„Nein!" Baba lacht leise. „Sie sind viel zu sehr damit beschäftigt herauszubekommen, ob der Wald brennt. Dabei merken sie nicht einmal, wenn ich etwas von ihrem Honig nehme ..."

Davy setzt sich etwas weiter weg und beobachtet, wie Baba ein kleines Feuer unter dem Tamarindenbaum macht. Die ersten Bienen schwirren heraus und fliegen planlos hin und her. Neben Davy raschelt es. Der kleine Honigvogel hüpft ungeduldig auf seinem Ast hin und her. Baba zieht ein paar rauchende Zweige aus dem Feuer, bindet sie mit einer Schnur zusammen und schwenkt sie unter dem Bienennest. Jetzt schwirren Hunderte Bienen aus dem Astloch.

Baba bindet sich einen Plastikbeutel um den Bauch und beginnt den Baum hochzuklettern. Bald ist er nur noch verschwommen in der dunklen Wolke aus Rauch und Bienen zu sehen.

Davys Herz klopft ganz schnell, als Baba in das Astloch greift, ein Stück Wabe herausholt und in den Plastikbeutel tut. Das macht er noch zweimal und Davy atmet erleichtert auf, als er endlich wieder den Baum herunter klettert.

„Die Bienen werden sich bald wieder beruhigen." Baba schmunzelt.

„Bist du nicht gestochen worden?"

„Nein", Baba schüttelt den Kopf. „Die Bienen haben mich gar nicht bemerkt. Wenn sie nachher in ihr Nest zurückgehen, werden sie vielleicht noch nicht einmal merken, dass etwas von ihrem Honig fehlt."

Baba öffnet den Plastikbeutel und bricht ein kleines Stück von der Wabe ab.

„Das ist für unseren kleinen Helfer!" Er steht auf und legt es in die Nähe des ungeduldig hin und her hüpfenden Honigvogels. Mit einem Triller stürzt der sich auf seine Belohnung und fängt sofort an, daran zu ziehen und zu fressen.

„Du musst ihm immer etwas von dem Honig abgeben", belehrt Baba. „Denn ohne ihn würdest du das Bienennest nicht finden."

„Was passiert, wenn er nichts abbekommt?"

„Oh, das ist gefährlich!" Baba macht ein ernstes Gesicht. „Der Honigvogel ist schlau! Er wird das nicht vergessen! Und wenn du das nächste Mal in den Busch kommst, wird er dich nicht zum Honig bringen, sondern zum Leoparden oder zum Löwen oder zu einem Schlangennest!"

„Wirklich?" Davy schüttelt sich vor Furcht. „Woher weißt du das?"

„Das erzählen sich die Leute und daher weiß ich das!"

„Kennst du jemanden, dem das passiert ist?"

„Ich kenne keinen! Aber ich weiß, dass das passieren kann."

Davy läuft neben Baba nach Hause. Mama wird sich über den süßen Honig freuen.

„Wenn ich groß bin, will ich so sein wie du", sagt er zu Baba. „Dann will ich betrunkene Elefanten beobachten und den Honig mit dem Honigvogel teilen!"

Highland! Highland!

Etwas neidisch schielt Tedi auf Eyubs Schubkar-re voller Bananen. „Hoffentlich werde ich sie heute noch los", Eyub zieht die Stirn in Falten. „Sonst wird mein Vater böse!"

„Ich wollte, ich hätte so viel Obst wie du", seufzt Konjit. „Das würde ich für viel Geld ver-kaufen und meine Mutter damit überraschen!" Konjit schraubt ihre Wasserflasche auf, setzt sie an den Mund und macht laute Schluckge-räusche. Tedi und Eyub schauen ihr zu und bre-chen gleichzeitig in lautes Lachen aus. Als Konjit vorhin die Flasche von einer Frau vom letzten Bus bekommen hatte, war für sie alle noch etwas Wasser drin gewesen.

„Wollt ihr auch was?" Konjit streckt ihnen grin-send die leere Flasche entgegen.

„Nein danke!", lacht Eyub. „Ich habe schon ge-nug Luft getrunken!"

Noch mehr als leere Highland-Flaschen wünscht Tedi sich einen der gelben Plastikkanister. Der ist nicht so schwer wie der Tonkrug, den Mama zum Wasserholen benutzt. Doch so einen Kanister bekommt man nicht so leicht geschenkt.

„Eines Tages werde ich von dem Wächter vom Genet Hotel einen leeren Kanister kaufen!", sagt Tedi.

„Wieso von dem?", will Eyub wissen.

„Weil er die am Tor verkauft."

„Woher weißt du das?"

„Habe ich gesehen."

Tedi hat an die Reisenden vom letzten Bus alle seine Mangos verkauft. Danach ist er nach Hause gerannt, hat den Korb mit neuen Mangos gefüllt und ist wieder zurückgesaust. Zum Glück hat hier in der Zwischenzeit kein weiterer Bus Pause gemacht!

Die Mangos sind von dem Baum, den Großvater in seiner Jugend gepflanzt hat. Er ruht sich oft in seinem Schatten aus.

„Wir sind zusammen groß geworden", sagt Großvater. „Wir sind Freunde."

Tedi schaut in die Straße.

Die Sonne blendet und er kneift die Augen zusammen. Bestimmt hält bald wieder ein Bus hier an und er kann den Fahrgästen seine Mangos verkaufen. Wie es wohl ist, mit einem Bus zu fahren? Er denkt an den Lehrer, der damit einmal im Monat in die Hauptstadt fährt. Da holt er sich sein Geld ab.

Eine Staubwolke zeigt sich in der Ferne. Tedi, Konjit und Eyub springen auf und stellen sich an den Straßenrand. „Highland! Highland!", singen sie und zucken dabei mit ihren Armen und Beinen, tanzen so den Highland-Tanz! Der Wagen wird etwas langsamer und als er an ihnen vorbei fährt, schauen zwei helle Kindergesichter aus dem Fenster. Sie winken und Tedi, Konjit und Eyub winken zurück. Einen Augenblick ist es, als würde der Fahrer halten wollen, aber dann gibt er Gas und fährt weiter.

„Wieso hat er nicht angehalten?" Konjit wischt sich den Staub aus den Augen und geht enttäuscht zu ihrem Korb mit den Orangen, die sie unter der Akazie zurückgelassen hat.

„Ausländer haben immer viel zu trinken dabei",
mault Eyub, der sich neben sie setzt. „Und sie
haben immer leere Flaschen ..."

„Vielleicht haben sie nicht verstanden, was wir
wollen!", meint Tedi.

Die meisten Fahrer und ihre Mitfahrenden ver-
stehen das „Highland-Lied" und den „Highland-Tanz". Sie haben immer Wasserflaschen
dabei, auch wenn die inzwischen andere Namen
als „Highland" haben. Manchmal werfen sie ihnen ihre leeren Plastikflaschen sogar während
der Fahrt zu.

Eine neue Staubwolke lässt sie wieder aufsprin-
gen. In der Ferne und im flirrenden Sonnenlicht
scheint der Bus in der Luft zu schweben. „Highland! Highland!", singen und tanzen die Kinder
wieder. Der Bus kommt näher und hält an dem
Rastplatz an der Straße an. Schnell nehmen Tedi,
Konjit und Eyub ihre Obstkörbe auf. Die Türen
öffnen sich und einige Männer, Frauen und
Kinder steigen aus. Laut ist es jetzt! Tedi läuft
„Mangos! Mangos!" rufend die Fenster entlang.

Ein Mann wirft ihm durch das Fenster eine leere Plastikflasche zu. Tedi hebt sie auf, bedankt sich lachend, läuft weiter und verkauft vier Mangos. Konjit folgt einer blonden Frau, die ausgestiegen ist, lässt nicht locker, will ihr unbedingt ein paar Orangen verkaufen. Eyub läuft zuerst am Bus entlang und dann sucht er unter den Ausgestiegenen nach Käufern.

Es dauert nicht lange und der Fahrer haut auf die Hupe. Er will weiter in die Hauptstadt. Von überall hinter und zwischen Bäumen und Büschen kommen seine Passagiere angerannt. Manche lachen und manche schimpfen.

Tedi, Konjit und Eyub sind zufrieden. Sie haben einiges verkauft und sie haben fünf Plastikflaschen geschenkt bekommen. Sie teilen sie untereinander auf: Zwei für Tedi, zwei für Eyub und eine für Konjit, weil sie doch vorhin schon eine bekommen hat.

„Ich will auch zur Schule gehen!"

Draußen scheppert es und Ermias macht die Augen auf. Inaniye schläft. Mama ist nicht da. Sie würde nie ohne Inaniye und ohne ihn fort gehen. Sie ist bestimmt draußen. Gestern hat sie etwas Mehl und Zucker gekauft. Vielleicht kocht sie für ihn den süßen Brei, den er so mag.

Ermias steht auf. Er lugt durch die angelehnte Tür aus Wellblech.

Aus der kleinen Küche, die von vier Familien benutzt wird, steigt Rauch auf. Ermias sieht Mamas gebeugten Rücken durch die Gitterwand der Küche.

„Er sagt, dass er zur Schule gehen will!" Mama spricht mit Genet, die neben ihr sitzt. „Wie soll ich das bezahlen?"

Genet murmelt etwas, das Ermias nicht versteht.

Ermias zieht sich zurück in den kleinen Raum. Sein Herz klopft und am liebsten möchte er weinen. Aber dann wird Inaniye aufwachen und dann wird Mama sich noch mehr Sorgen um ihn machen. Weil er zur Schule gehen will und weil er weint.

Ermias setzt sich auf die Matratze und stützt den Kopf in beide Hände.

Mama hat kein Geld. Wie soll sie die ganzen Schulsachen bezahlen?

Ermias fühlt sich ganz schlecht. Weil er zur Schule gehen will.

Regen trommelt auf das Wellblech. Es macht ganz laut „toch toch toch", weckt die kleine Schwester auf.

Ermias nimmt Inaniye auf den Schoß. Er wiegt sie so wie Mama. Aber Inaniye schreit immer lauter.

Mama kommt in den Raum. Inaniye streckt die Arme nach ihr aus.

„Ist schon gut", Mama setzt sich neben Ermias und gibt Inaniye die Brust. „Sie hat Hunger."

Ermias nickt.

Mama krault Ermias am Kopf. „Für dich habe ich süßen Brei!"

Ermias nickt.

Mama gibt Ermias den süßen Brei. Der tut gut. Nach dem Frühstück geht Mama mit Inaniye und Ermias zu der großen Straße mit den vielen Menschen und Autos. Mama bettelt. Sie trägt Inaniye auf dem Arm. Ermias läuft neben ihr her.

Jungen und Mädchen in Schuluniform laufen vorbei. Ermias tut, als würde er sie nicht sehen.

„Ich weiß." Mama seufzt. „Du willst auch in die Schule gehen."

Ermias schüttelt den Kopf.

„Ich weiß das doch …", Mama streichelt ihm über das Haar.

Ermias trägt die schlafende Inaniye auf dem Rücken. Er bettelt die Passanten an. Mama sitzt auf dem Bürgersteig unter einem Baum. Ermias bringt Mama das Geld.

„Davon können wir uns was zu essen kaufen!" Mama freut sich. „Eines Tages", sagt sie dann. „Eines Tages werde ich dich zur Schule schicken …"

Und Ermias nickt.

Inseln in der Stadt

Sie laufen die kleine Insel auf und ab. Die Ampel am einen Ende der Insel springt auf Grün. Frida und Salome laufen mit hochgehaltenen offenen Handflächen die Autos entlang. Ein Mann gibt Salome eine Münze. Frida kommt dazu und bettelt ihn nun auch an. Doch diesmal schüttelt der Mann den Kopf und Frida läuft zu dem nächsten Wagen.

Als die Autos wieder losfahren, zählt Frida das Geld, das sie zusammen eingenommen haben.

„Das ist viel, nicht wahr?" Salome schaut ihr dabei zu. „Damit können wir uns bestimmt etwas zum Essen kaufen!"

„Nein." Frida schüttelt bedauernd den Kopf. „Das reicht noch nicht."

„Aber ich habe Hunger", quengelt Salome.

„Bald haben wir genug", versucht Frida sie zu beruhigen.

Die Ampel springt wieder auf Grün. Frida und Salome laufen an den Autos entlang und betteln.

„Ich will zu Mama." Salome mag nicht mehr. Müde setzt sie sich auf den Bordstein. „Ich hab Hunger!"

„Lass mal sehen!" Wieder zählt Frida das Geld.

„Ist das genug?"

„Ja." Frida lächelt ihre kleine Schwester an. „Wir können jetzt zu Mama!"

Salome springt auf, fasst Fridas Hand und zieht sie mit sich. Sie laufen kreuz und quer durch viele Straßen, bis sie zu der Insel inmitten einer breiten Straße gelangen, auf der Mama tagsüber arbeitet.

„Da seid ihr ja", Mama sitzt mit dem schlafenden Deo im Schatten eines kleinen Baumes. „Wie viel habt ihr?"

„Dreihundert Schilling!" Frida gibt Mama das Geld, die es sofort in den Zipfel ihres Tragetuchs einwickelt.

„Gut gemacht", lobt Mama. „Mit dem, was ich eingenommen habe, können wir jetzt etwas Milch für Deo und Wasser und Mandazi für uns kaufen." Vorsichtig bindet Mama den kleinen Deo auf Fridas Rücken. Er wacht dabei nicht auf.

Sie verlassen die Insel und laufen zu der Straße mit den vielen kleinen Läden. Sie halten vor Jumas Stand an. Juma ist nicht so teuer und meistens gibt er ihnen noch eine Kleinigkeit umsonst dazu.

„Eine Tüte Milch, drei Mandazi und eine Flasche Wasser bitte." Mama knotet den Zipfel ihres Tragetuchs auf und holt die Münzen daraus.

„Hier habe ich noch etwas Süßes für die Mädchen." Juma zwinkert Salome zu, die vor Ungeduld von einem Bein auf das andere hüpft. Salome strahlt und steckt sich den roten Lolli gleich in den Mund.

Mama, Frida mit Deo auf dem Rücken und Salome gehen zurück auf die Insel. Sie setzen sich in den Schatten des kleinen Baumes. Mama nimmt Deo von Fridas Rücken und legt ihn auf ihren Schoß. Still und mit großen Augen schaut Deo sie an. Langsam schluckt er die Milch, die sie ihm einflößt, während Salome und Frida ihre Mandazi essen.

„Kann ich nachher Deo auf dem Rücken tragen?", bittet Salome.

„Du bist zu klein!", sagt Frida sofort.

„Bin ich nicht!" Salome guckt böse. „Ich will ihn auch mal tragen!" Vor lauter Aufregung verschluckt sie sich so, dass sie husten muss.

„Hört auf zu streiten!" Mama klopft Salome so lange auf den Rücken, bis diese mit dem Husten aufhört.

„Mama sag, dass ich ihn auch tragen darf!"

„Meinetwegen", Mama steckt Deo etwas von ihrer Mandazi in den Mund. „Ihr könnt euch abwechseln ... aber geht nicht zu weit weg!"

Frida und Salome arbeiten wieder. Mal trägt Frida, mal Salome den kleinen Bruder auf dem

Rücken. Mama bettelt auch. Am späten Nachmittag, als es anfängt dunkel zu werden, kaufen
sie sich Brot, Bananen und Milch und gehen
nach Hause. Das ist eine andere Insel.

Mamas Augen

„Ich habe Hunger." Beti stupst Mama an.

Mama steht von ihrem Lager auf. Sie faltet die Wolldecke zusammen, mit der sie sich und Beti zugedeckt hatte. „Wo sind meine Sandalen?" Sie tastet mit den Füßen den Boden ab.

„Hier!" Beti legt die Sandalen so hin, dass Mama in sie schlüpfen kann.

Mama verstaut die Wolldecke in den Sack, wo sie auch ihre anderen Sachen aufbewahrt.

„Hat Habtamu schon auf?", will Mama wissen.

Beti schaut auf die andere Straßenseite. Die Fensterflügel zu Habtamus kleinem Laden sind geöffnet und eine Frau kauft gerade bei ihm ein.

„Ja", antwortet Beti.

Mama greift tastend neben sich nach dem Sack. „Geh", sie reicht ihn Beti. „Ich warte hier auf dich."

Beti legt sich den Sack auf den Rücken und überquert die Straße.

„Wie geht es euch?" Habtamu beugt sich über das Ladenfenster und nimmt Beti den Sack ab.

„Ich habe Hunger."

Habtamu dreht sich zu einem Regal. „Hier!" Er gibt Beti eine kleine Tüte mit Erdnüssen. „Du kannst sie später bezahlen!"

„Danke!"

Beti teilt sich mit Mama die Erdnüsse. Der Hunger ist jetzt nicht mehr so schlimm.

Beti gibt Mama ihren Stock. Dann gehen sie zusammen zu der großen Straße. Hier sind viele Menschen unterwegs. Zu Fuß und mit ihren Autos. Beti passt auf, dass Mama niemanden anrempelt. Manchmal sind Löcher auf den Wegen. Manchmal Kanten und Stufen. Mamas Stock sieht nicht alles. Beti sieht alles. Beti passt auf Mama auf.

Ein Mann kommt ihnen entgegen. Er hat einen dunkelblauen Anzug an. Er sieht reich aus.

„Hast du etwas Geld für uns?" Beti bettelt den Mann an. „Wir haben Hunger!"

Mama und Beti halten dem Mann die Hände entgegen.

Der Mann beachtet sie nicht. Er geht weiter.

Beti und Mama betteln. Eine Frau gibt ihnen eine Münze. Eine Frau schimpft böse und ein Mann schiebt sie so weg, dass Mama fast hinfällt. Ein Mädchen in Schuluniform streckt Beti die Zunge raus. Eine andere Frau gibt ihnen noch eine Münze.

„Bald können wir uns etwas zu essen kaufen", sagt Mama, während sie mit ihren Fingern die Münzen zählt.

„Ich will auch zählen lernen", sagt Beti.

Mama sagt Beti die Zahlen auf, die sie mit den Fingern auf den Münzen liest.

An der Ampel hält ein Auto. Auf dem Rücksitz sitzt ein Mädchen.

„Hast du etwas Geld für uns?" Beti bettelt den Fahrer an.

Der Mann schüttelt den Kopf.

Das Mädchen sagt etwas zu ihm.

Wieder schüttelt der Mann den Kopf.

Das Mädchen kurbelt das Fenster herunter.

„Komm!" Mama will weiter gehen.

„Wartet!" Das Mädchen gibt Beti ein Päckchen durch das Fenster. „Das ist für dich!"

Das Auto fährt los. „Danke!", ruft Beti dem Mädchen zu.

Beti und Mama gehen in eine kleine Straße. Hier ist nicht so viel los.

Beti hilft Mama, sich auf einen Stein unter einem Baum zu setzen und setzt sich neben sie auf die Erde.

Ein kleiner Hund schaut ihnen von der anderen Straßenseite zu.

„Hmm." Mama riecht an dem Päckchen. „Ich rieche Ei ...". Lächelnd wickelt sie ein Sandwich mit Ei und Tomaten aus. Beti klatscht in die Hände. Mama lacht.

Der kleine Hund setzt sich in ihre Nähe und schaut auf das Brot.

Mama bricht vorsichtig das Sandwich in zwei Teile. „Ich bin nicht so hungrig!" Sie gibt Beti die größere Hälfte.

Das Sandwich schmeckt gut.

„Der kleine Hund hat auch Hunger", Beti wirft ihm ein Stück Sandwich mit Ei hin.

„Was für ein Hund?"

„Er sitzt direkt neben uns!"

„Wie sieht er aus?"

„Er ist braun, hat eine schwarze Nase und er sieht lieb aus!"

„Jetzt kann ich ihn mir gut vorstellen", nickt Mama.

„Ich habe ihm etwas zu essen gegeben!"

„Gut!" Mama legt den Arm um Beti. „Er hat ja auch Hunger …"

Mita und der blaue Vogel

Katzenmädchen Mita spielt mit dem bunten Schmetterling Fangen. Der Schmetterling fliegt voraus und Mita jagt ihm hinterher. Über ein Feld, dann noch ein Feld und dann noch ein Feld. Im vierten Feld verliert Mita den Schmetterling aus den Augen.

Müde und zerzaust kommt Mita an einen See mit bunt schillernden Fischen.

Eine Ziege trinkt aus dem See und Mita macht es ihr nach.

Mita versucht, einen roten Fisch zu fangen. Doch der Fisch ist schnell und zum Glück fällt Mita nicht in den See.

Mita läuft weiter. Bis zu dem Hügel mit den gelben Blumen. Hier ruht sie sich aus. Mitten im Blumenmeer. Nicht lange, denn überall summt und surrt es und Mita flieht vor den Bienen.

Mita durchquert im Laufschritt die Blumenwiese.

Einen halben Vormittag ist sie nun schon unterwegs. Ihre Pfötchen sind ganz schwarz und tun ein bisschen weh. Sie setzt sich neben einen Stein, der von der Sonne gewärmt ist, schließt die Augen und schnurrt.

„Was machst du hier?" Superb, der Star, beäugt Mita von einem herunter hängenden Ast.

„Ich ruhe mich aus", Mita hebt den Kopf. „Deine Federn sind so schön!"

„Danke!" Superb plustert sich ein wenig und dabei schillert er noch blauer als blau im Sonnenlicht. „Und du hast ein schönes Fell!"

„Wirklich?"

„Wirklich!"

Mini, die gestreifte Schnecke, kriecht unter dem Stein hervor. Streift dabei Mitas Bauch.

Mita springt vor Schreck auf alle vier Pfoten.

„Du hast doch nicht etwa Angst vor einer Schnecke?" Superb hüpft und lacht auf dem Ast.

Vorsichtig reckt Mini den Kopf aus ihrem Haus. Doch als sie den gefräßigen Star erblickt, steckt sie den sofort wieder ein und kriecht im

Schneckentempo zurück in ihr Versteck. Dabei streift sie Mitas Pfote. Doch diesmal hat Mita keine Angst.

„Warum knurrst du?" Superb hüpft von seinem Ast und auf Mita zu.

„Ich knurre doch nicht!"

„Tust du doch!"

Mita lauscht angestrengt. Da ist wirklich ein Knurren und es wird immer lauter. Und es tut weh! Ein wenig weh und immer mehr weh!

„Mein Bauch", Mita kennt dieses laute Gefühl. „Ich habe Hunger!", seufzt Mita. „Die haben es gut!"

„Wen meinst du?"

„Meine Schwestern und Brüder!", miaut Mita. „Unsere Mama hat immer was zu essen für uns!"

„Und wo ist deine Mama?"

„Da hinten! Ganz weit weg!" Mita schaut zurück. „Hinter dem Hügel da! Da ist das Haus!"

„Ich begleite dich!" Superb fliegt ein Stückchen voraus, setzt sich auf einen Stein und wartet auf Mita. Zuerst gelangen sie auf die Blumenwiese, dann über den Hügel zum See mit den bunten Fischen. Hier trinken beide etwas, stillen den Durst. Dann ziehen sie gemeinsam durch die vielen Felder.

„Der Weg zurück ist nicht lang", staunt Mita.

„Ist das so?"

„Ja", maunzt Mita. „Ich glaube, das ist so, weil du bei mir bist!"

Mama sitzt vor dem Haus. Sie hält Ausschau nach Mita, die schon seit heute Morgen weg ist. Zuerst ist sie dem Schmetterling hinterher gelaufen und dann ist sie durch die Felder und zum Hügel gelaufen. Da hat Mama sie aus den Augen verloren. Wegen dem Hügel.

Mita war noch nie so lange fort gewesen und wenn sie nicht bald auftaucht, wird Mama sie wohl suchen müssen.

Plötzlich sieht Mama etwas Blaues in der Sonne blitzen. Es sind die blauen Federn von Superb, der von einem Ast zum nächsten fliegt, von Stein zu Stein und manchmal einfach auf der Erde sitzen bleibt, als würde er auf jemanden warten.

Worauf wartet der blaue Star? Mama reckt sich etwas und da sieht sie Mita und auch, dass Superb ihr den Weg nach Hause zeigt!

Mama läuft Mita entgegen. Superb fliegt auf einen hohen Ast. Schaut zu, wie Mama und Mita sich schnurrend begrüßen.

„Danke, dass du mich begleitet hast!", ruft Mita ihm zu.

„Danke, dass du sie zurückgebracht hast!", ruft Mama ihm zu.

„Gern!", trällert Superb und fliegt davon. Ganz weit weg. Bis zu dem grünen Hügel auf der anderen Seite, den Mita noch nicht kennt.

Süßer Ubuyu-Saft

„Ich will sie auch mal tragen!" Lena zupft vorsichtig an dem Tragetuch.

„Wenn sie wach ist, ja?" Zuena dreht sich zur Seite. „Jetzt schläft Felicita."

„Weck sie nicht auf!", meint Marge.

„Mach ich doch nicht!" Lena ist etwas beleidigt. „Wieso denkt ihr das immer?"

„Komm!" Zuena will Lenas Hand nehmen. „Lass uns Ubuyus suchen!"

„Ja!" Lena rennt los.

„Warte!" Marge und Zuena eilen ihr nach.

Lena bleibt bei dem großen Baobab stehen.

„Da oben sind ganz viele!" Überall an den Ästen hängen die großen braunen Früchte.

„Und jetzt?" Lena runzelt die Stirn.

Marge hebt einen Stock vom Boden auf, zielt, wirft und ... der Stock fliegt knapp unterhalb einer Baobabfrucht durch die Luft.

Lena holt den Stock und Marge versucht es noch einmal.

„Die sind zu hoch", seufzt Zuena. „So kriegen wir nie eine Frucht!"

Enttäuscht setzen die Freundinnen sich unter den Baobab.

Felicita macht leise Wimmergeräusche.

„Sie ist wach!" Lena springt auf und streckt ihre Hände zu Zuena. „Jetzt bin ich dran!"

„Psst!" Zuena steht auf, schaukelt mit ihrem Oberkörper ein paar Mal hin und her.

Felicita ist wieder still.

„Da kommen Abedi und Jan!" Zuena zeigt auf ihren und auf Lenas Bruder.

„Wann kann ich endlich Fe-li-ci-ta auf dem Rücken tragen?" Lena stampft mit den Füßen auf den Boden.

„Bald!", verspricht Zuena.

„Was ist denn los?" Jan kniet sich vor Lena.

„Psst!", macht Lena. „Felicita schläft!"

„Aber du warst doch eben selber laut!"

„Ja ... nein ... Wir können die Ubuyu nicht vom Baum runterholen!"

„Aha!"

„Und warum nicht?", mischt sich jetzt Abedi ein.

„Guck selbst!" Marge nimmt den Stock, zielt, wirft und der Stock fliegt unterhalb der Frucht auf die Erde. „Die hängen einfach zu hoch!"
Abedi holt den Stock, zielt, wirft und auch er trifft keine Ubuyu.

„Lass mich!" Jan zielt, wirft und der Stock fliegt knapp an der Ubuyu vorbei.

Jetzt sind alle dabei! Alle zielen, werfen, zielen, werfen und können gar nicht aufhören zu zielen und zu werfen. Ein paar Mal streift der Stock ganz knapp die eine und die andere Frucht. Ein paar Mal fallen ein paar Äste herunter. Aber keine Früchte.

„Felicita ist wach!" Zuena zieht das Tragetuch nach vorne. „Jetzt kannst du sie tragen!"
Lena stellt sich mit ihrem Rücken vor Zuena.
Zuena und Marge befestigen Felicita auf Lenas Rücken.
Zuena reckt und streckt sich. Dann nimmt sie den Stock. Sie zielt, wirft, und! trifft!

Zwei große Ubuyu landen vor ihren Füßen. Alle jubeln und klatschen!

„Wir können zu mir nach Hause", schlägt Zuena vor. „„Dann machen wir uns süßen Ubuyu-Saft!"

Jan und Abedi bleiben. Sie wollen weitere Ubuyus vom Baum herunterschlagen.

Zuena und Marge tragen jede eine Ubuyu. Lena trägt Felicita.

Mama Zuena gibt ihnen einen Topf, einen Rührlöffel, etwas Zucker und eine Flasche Wasser.

Zuena, Marge und Lena mit Felicita auf dem Rücken setzen sich in den Garten.

Zuena schlägt mit einem Stein die harte Schale der Frucht auf. Den Mädchen läuft das Wasser im Mund zusammen. Innen hat die Baobabfrucht ganz viele Kerne, die drum herum einen trockenen pudrigen weißen Mantel tragen. Und der ist ganz sauer.

Zuena füllt den Topf mit den weiß gekleideten Kernen und dem Wasser. Nacheinander rühren sie so lange, bis der weiße Mantel sich von den schwarzen Kernen getrennt hat.

Zuena holt die schwarzen Kerne heraus.

Marge fügt den Zucker zu dem Saft.

Lena setzt sich die wach gewordene Felicita auf den Schoß und rührt und rührt.

Zuena bringt kleine Gläser aus der Küche.

Abedi und Jan kommen mit zwei neuen Ubuyus. Sie hocken sich zu den Mädchen.

Sie alle trinken von dem süßen Saft, dem „Maji ya Ubuyu".

Immer am Montag ...

Es ist noch früh am Morgen. Adane macht die Augen auf und ist erleichtert, als er sieht, dass Tesfaye fort ist. Er und Eyub hatten sich gestern Abend gerade unter die gemeinsame Decke gelegt, als Tesfaye, besoffen wie immer, sie mit den Füßen angestoßen hatte. „Besorgt mir was zu essen!" Er hatte sich neben sie plumpsen lassen und gleich angefangen zu schnarchen. Tesfaye war harmlos. Vor allem, wenn er allein war. Doch wenn er sie nachts mit seinen Freunden aufsuchte, konnte es ungemütlich werden. Die großen Jungen gaben keine Ruhe, drohten mit Prügel, und so blieb Adane und Eyub nichts anderes übrig, als zum Dessie Hotel zu gehen und von Abraham Essensreste für sie zu erbetteln. Abraham hatte immer etwas zu essen für sie. Er hatte früher selbst auf der Straße gelebt. Aber dann hatte die Köchin vom Dessie Hotel sich in ihn verliebt und sie hatte ihm die Stelle als Nachtwächter besorgt.

Adane streift die Decke von sich. Die ersten Kunden werden bald, auf dem Weg zur Arbeit, zu ihnen kommen. „Wach auf!", er rüttelt an Eyubs Schulter, nimmt den Plastikeimer und geht damit in den Kirchhof. Der Wächter kennt ihn und lässt ihn jeden Morgen um diese Zeit zum Wasserhahn. Adane spritzt sich dann über das Gesicht, trinkt sich satt und füllt den Plastikbehälter mit Wasser.

Adane geht mit dem vollen Plastikbehälter zu Eyub, der unter seiner Decke kauert und müde vor sich hinstarrt. Nach einer Weile steht er auf, humpelt über die Straße zu dem Baugrundstück, pinkelt und geht dann in den Kirchhof.

Adane befeuchtet den Schwamm, legt die Stoffreste, die Bürste, die drei Schuhcremedosen Schwarz, Weiß und Farblos ordentlich nebeneinander auf den Bürgersteig neben der Mauer und wartet.

Manche Leute lassen sich jeden Tag von ihnen die Schuhe putzen. So wie Haile, der sein blaues Taxi in die Reihe der anderen Taxis parkt, dann

zu ihnen kommt, sich auf den Hocker setzt und sogar auf Kundschaft verzichtet, bis seine Schuhe wie neu glänzen! Er stellt nicht so viele Fragen. Im Gegenteil, er will in Ruhe telefonieren oder seinen Kaffee trinken, den er sich von Hana, der Straßenköchin, bringen lässt.

„Heute ist doch Montag, nicht wahr?" Eyub setzt sich neben Adane und nimmt die Bürste in die Hand, die die Frau ihnen geschenkt hat. Die Frau, die jeden Montag mit ihrem Wagen vorfährt, ihnen einen Haufen Schuhe bringt, die sie putzen, während sie im nahen Supermarkt einkaufen geht. Da sind Jungenschuhe in zwei verschiedenen Größen dabei. Also hat sie zwei Kinder. „Ihr seid so alt wie meine Jungs", hat sie einmal gesagt. Das kann stimmen, denkt Adane, denn die verschieden großen Jungenschuhe passen ihm und Eyub.

Die Frau will immer so viel wissen. „Wo sind eure Eltern?" – „Ist Eyub dein kleiner Bruder?" –„Warum hinkt Eyub?" Sie fragt, wo sie schlafen und ob Adane zur Schule gegangen ist.

76

Ihre Fragen nerven Adane noch lange, nachdem sie fort ist. Manchmal möchte er ihr sagen, dass sie sie in Ruhe lassen soll! Aber dann warten er und Eyub am nächsten Montag auf sie und auf ihre Schuhe. Sie bezahlt sie ja auch gut und neulich hat sie ihnen obendrauf die Bürste geschenkt!

Adane hatte der Frau geantwortet. Dass die Mutter gestorben sei und er und Eyub nicht wüssten, wo der Vater sei. Ja, er war zur Schule gegangen. Damals, als die Mutter noch lebte und der Vater noch da war. Eyub war krank geworden und seitdem würde er hinken. Er würde auf ihn aufpassen. Das hatte er der Mutter versprochen.

„Hast du einen Traum? Oder irgendwas, was du dir ganz doll wünschst?", hatte die Frau ihn gefragt. Er hatte nachgedacht und sie hatte gewartet. Dann war sie einkaufen gegangen und hatte ihnen, als sie ihre Ladung Schuhe abholte, die Bürste gebracht.

„Heute ist Montag!", antwortet Adane.

„Wusste ich doch!" Eyub setzt sich so hin, dass er die in die Straße einfahrenden Autos sehen kann. „Heute kommt sie wieder - die komische Frau!", lacht er.

Nasrin Siege

Nasrin Siege wurde 1950 in Teheran (Iran) geboren. Als Neunjährige kam sie zusammen mit ihrer Familie nach Deutschland. Hier wuchs sie in Hamburg und Flensburg auf. Nach dem Studium der Psychologie und Pädagogik in Kiel arbeitete sie an einer Klinik in Friedrichsdorf/Ts als Psychotherapeutin mit Suchtkranken. Mit ihrem Mann, einem deutschen Entwicklungshelfer, lebte sie ab 1983 in Afrika (Tansania, Sambia, Tansania, Madagaskar und ab 2008 in Äthiopien) und seit 2016 in Frankfurt am Main. Nasrin Siege schreibt vor allem für Kinder und Jugendliche. Sie erhielt mehrere Auszeichnungen, u.a. den Kinderbuch-Preis der Ausländerbeauftragten des Berliner Senats.

Barbara Nascimbeni

Barbara Nascimbeni, geboren 1969 in Italien, studierte Illustration in Mailand und Darmstadt. Ihre Arbeiten stellte sie mehrfach im Rahmen der Internationalen Kinderbuchmesse in Bologna aus. Sie lebt jetzt in Hamburg und Südfrankreich und illustriert Bücher für Verlage aus England, Frankreich, Italien, Deutschland und Korea.

Mehr von Nasrin Siege

ISBN 978-3-941725-29-4

ISBN 978-3-941725-33-1

Mehr zum Lesen und Vorlesen

Anna mit Schirm und Charme und großen Füßen

ISBN 978-3-941725-38-6

Martin Ebbertz (Herausgeber)

Eine dicke Leseratte sah ein Buch, das sie nicht hatte ...
Neue Gedichte und Sprachspiele

Mit Illustrationen von Leopé

ISBN 978-3-941725-39-3

Georg Bydlinski

Wenn mein Computer kläfft, küss ich dein **Rechenheft**

Gedichte und Sprachspiele
mit Illustrationen von Beate Fahrnländer

ISBN 978-3-941725-27-0

Martin Ebbertz

Der kleine Herr Jaromir

ISBN 978-3-941725-14-0

Martin Ebbertz
Der blaue Hut und der gelbe Kanarienvogel

ISBN 978-3-941725-02-7

Martin Ebbertz

Paula, die Leseratte
Geschichten von Büchern und Buchstaben
zum Lesen, Lachen und Lernen
in der Schule
und daheim

ISBN 978-3-941725-10-2